VENTE

APRÈS DÉCÈS DE M. GODART-DESMARETS

Les Lundi 12 et Mardi 13 Mai 1873

SALLE N° 1

TABLEAUX MODERNES

AQUARELLES

RICHE MOBILIER

EXPOSITION PUBLIQUE : le Dimanche 11 Mai 1873

Me GAUTHIER	MM. DHIOS ET GEORGE
COMMIS^{re}-PRISEUR	EXPERTS
Rue Béranger, n° 12	Rue Le Peletier, n° 33

PARIS — 1873

CATALOGUE

DE

TABLEAUX MODERNES

PAR

Benouville, Brissot, Calame, J. Coignet
Fort, Gudin, Ch. Jacques, Kuwasseg, J. Ouvrié, Thuillier
Watelet

AQUARELLES

Études, Croquis, Esquisses, Chevalets, Boîtes et Ustensiles d'atelier de peintre

RICHE MOBILIER

BIJOUX, VINS

DONT LA VENTE AUX ENCHÈRES PUBLIQUES AURA LIEU

Après Décès de M. GODART-DESMARETS

HOTEL DROUOT, SALLE N° 1

Les Lundi 12 et Mardi 13 Mai 1873

A DEUX HEURES

Par le ministère de **M° GAUTHIER**, Commissaire-Priseur,
rue Béranger, 12,
Assisté de **MM. DHIOS et GEORGE**, Experts, rue Le Peletier, 33.

EXPOSITION PUBLIQUE

LE DIMANCHE 11 MAI 1873

PARIS — 1873

CONDITIONS DE LA VENTE

Elle sera faite au comptant.

Les Acquéreurs paieront CINQ CENTIMES PAR FRANC, en sus des enchères.

ORDRE DES VACATIONS

Le Lundi 12 Avril 1873 :

Les Tableaux, Aquarelles, Études, Chevalets, Ustensiles d'atelier.

Le Mardi 13 Avril 1873 :

Batterie de cuisine, Porcelaines, Verrerie, Cristaux, Bronze, Billard, les Ameublements.

NOTA. — Les Vins seront vendus le mardi 13, dans la Salle n° 17.

DÉSIGNATION

TABLEAUX

BENOUVILLE (1864)

1 — Villa: Environs de Rome.

BOUQUET (Michel)

2 — Bateaux de pêche : Marée basse.

BRISSOT (F.)

3 — Le Pont rustique

BRISSOT (F.)

4 — Pêcheurs à la ligne.

CALAME

5 — Rochers et Forêt de pins au Sœlisberg.

Vente Calame, n° 4:ä.

CALAME

6 — Chênes, à Meyringen.

Vente Calame, n° 359.

CALAME

7 — Bouquet d'arbres, à Thoune.

Vente Calame, n° 227.

CALAME

8 — Forêt de pins, à la Haendeck.

Vente Calame, n° 355.

CALAME

9 — Arbres dans les montagnes, à Rosenlaui.

Vente Calame, n° 169.

CALAME

10 — Environs de Cluse (Savoie).

Vente Calame, n° 124.

CALAME

11 — Groupe de noyers au Seelisberg.

Vente Calame, n° 460.

CALAME

12 — Groupe de chênes, à Sovablin.

Vente Calame, n° 238.

CALAME

13 — Montagne boisée.

Vente Calame, n° 47.

CALAME et ROFFIAEN (J.-F.)

14 — Glacier de la Jungfrau.

Tableau peint dans l'atelier de Calame, par Roffiaen, son élève, et entièrement retouché par le maître.

COIGNET (Jules)

15 — Sous bois, avec bestiaux.

Vente Coignet, n° 21.

COIGNET (Jules)

16 — Cabane suisse.

Vente Coignet, n° 41.

COIGNET (Jules)

17 — Troncs d'arbres.

Vente Coignet, n° 68.

COIGNET (Jules)

18 — Cabanes suisses et Bestiaux.

Vente Coignet, n° 43.

COIGNET (Jules)

19 — Études d'arbres.

Vente Coignet, n° 220

COIGNET (Jules)

20 — Torrent au milieu de rochers (Suisse).

COIGNET (Jules)

21 — Vue des Alpes, avec troupeau de vaches.

COIGNET (JULES), 1855

22 — Chute d'eau et Rochers.

FORT (SIMÉON)

23 — Laveuse, environs de Maintenon (Eure-et-Loir).

FORT (SIMÉON)

24 — Lac dans les montagnes.

FORT (ELISA)

25 — Environs de Vogogna (Piémont).

FORT (ELISA)

26 — La Madone del Monte (Lac Majeur).

FORT (ELISA)

27 — Autre vue de la Madone del Monte.

GUDIN (1827)

28 — Les Échelles (Suisse).

GUDIN (H.)

29 — Marine.

GUDIN (H.)

30 — Marée basse.

JACQUE (Charles)

31 — Troupeau de moutons.

KUWASSEG (Père)

32 — La Rentrée des foins (Suisse).

KUWASSEG (Père)

33 — Cascade en Suisse.

LEMMENS (E.)

34 — Forêt de Compiègne : Maison du garde.

OUVRIÉ (Justin

35 — Vue du château de Pau.

REMOND (Charles)

36 — Sassenage (Dauphiné).

REMOND (Charles)

37 — Vallée de Lauterbrunen (Canton de Berne).

RENOUX (1835)

38 — Intérieur d'église.

RENOUX (1835)

39 — Intérieur de cloître.

RONNY

40 — Femmes italiennes à la fontaine.

RONNY

41 — Italiennes sur un pont.

THUILLIER (Pierre)

42 — Bords de rivière avec baigneuses.

Signé et daté 1848.

THUILLIER (Pierre)

43 — Environs de Naples.

WATELET (1820)

44 — Les Rogations.

WATELET (1828)

45 — Les Cascades,

WATELET (1851)

46 — Moulin à eau (Suisse).

WATELET (1858)

47 — Danse napolitaine.

WATELET (1859)

48 — Forêt et Torrent (Suisse).

WATELET (1860)

49 — Troupeau de moutons traversant un pont de bois,
site italien.

WATELET (1859)

50 — Cabane au bord d'un torrent (Suisse).

WATELET (1857)

51 — Pont de bois sur un torrent,

ECOLE MODERNE

52 — Environ soixante Études de paysages, qui seront vendues sous ce numéro.

AQUARELLES, DESSINS

—

CALAME

53 — Massif d'arbres.

Aquarelle.

CALAME

54 — Paysage.

Sépia.

CALAME

55 .— Conversation à l'entrée d'un bois.

Sépia.

COIGNET (J.)

56 — Étude d'arbres.

Mine de plomb.

COIGNET (J.), 1834

57 — Étude de pins.

Mine de plomb.

COIGNET (J.)

58 — Étude de pins.

Mine de plomb.

COIGNET (1834)

59 — Rivière et Rochers.

Mine de plomb.

DELACROIX (A.)

60 — Le Tour de l'or (Séville).

Aquarelle.

DELACROIX (A.)

61 — Religieux.

Deux aquarelles.

FORT (Siméon)

62 — Environs de Pignerolle (Piémont).

Aquarelle.

FORT (Siméon)

63 — Vue d'Italie.

Aquarelle.

FORT (Siméon)

64 — Vue d'un lac (Suisse).

Aquarelle.

FORT (Siméon), 1837

65 — Rivière avec barque.

Aquarelle.

FORT (Siméon)

66 — Neuf Aquarelles-Paysages seront vendues sous ce numéro.

GIRARD (1833)

67 — Pêcheurs jetant leurs filets.

Sépia.

HUBERT

68 — Chute d'eau.

Aquarelle.

HUBERT (1838)

69 — Village dans les rochers.

Aquarelle.

HUBERT

70 — Vieux château.

Aquarelle.

LALANNE

71 — Bords de rivière.

Mine de plomb.

LAPITO (1857)

72 — Torrent au milieu de rochers.

Aquarelle.

PALIANTI

73 — Vue de Suisse.

Aquarelle.

PELLETIER

74 — Six petites Aquarelles.

SOULÈS (Eug.)

75 — Les Tuileries et le Pont-Royal.

Aquarelle.

SOULÈS (Eug.)

76 — Ruines d'un château.

Aquarelle.

SOULÈS (Eug.)

77 — Le Château de Foix.

Aquarelle.

WATELET (1846)

78 — Village traversé par une rivière.

Aquarelle retouchée à l'huile.

WATELET (1846)

79 — Moulin dans un bois.

Aquarelle retouchée à l'huile.

WATELET (1846)

80 — Site boisé, avec pont sur une rivière.

Aquarelle retouchée à l'huile.

ECOLE MODERNE

81 — Quatorze Aquarelles et Dessins, par divers artistes.

TABLEAUX ANCIENS

HEUSCH (W. DE)

82 — Paysage boisé, avec figures.

ORRIZONTI

83 — Deux Sites italiens avec figures.

---

84 — Boîtes à couleurs, Chevalets et divers Ustensiles de peinture.

MOBILIER

Riche Ameublement de salle à manger en bois de chêne sculpté, Suspension en bronze, Rideaux, Tentures, Tapis.

Beaux Services de porcelaine et Verrerie, Plaqué.

Cristaux de Baccarat.

Bijoux.

Beau Billard en bois de thuya et bois noir, Suspension d'éclairage en bronze doré, Banquettes en bois noir couvertes en maroquin vert, Rideaux.

Meubles de salon en palissandre et brocatelle, Rideaux, Tentures, Lustre, Bronzes.

Chambres à coucher en bois d'acajou : commodes, armoires, toilettes, bureaux, couchette, literie, meubles divers en acajou et chêne.

Batterie de cuisine.

Grands Vins de Bordeaux rouge et blanc.

Vᵉ Renou, Maulde et Cock, impᵗˢ de la Compagnie des Commissaires-Priseurs, rue de Rivoli, 144.   32047

Vᵉ RENOU, MAULDE ET COCK

IMPRIMEURS DE LA COMPAGNIE DES COMMISSAIRES-PRISEURS

rue de Rivoli, 144.

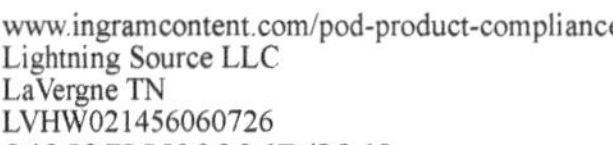

9 782329 078069